Endstation Diele

Claudia Dietze

Endstation Diele

Vom Welten- zum Seltenbummler

Gedichte und Prosa
heiter bis wolkig

Bibliografische Information der Deutschen Nationalbibliothek:
Die Deutsche Nationalbibliothek verzeichnet diese Publikation in der
Deutschen Nationalbibliografie; detaillierte bibliografische Daten sind im
Internet über http://dnb.dnb.de abrufbar.

Herstellung und Verlag: BoD- Books on Demand, Norderstedt
ISBN: 9783752671407

Inhalt

Salon de Thé, Vandenesse - en - Auxoix, Bourgogne

Vorwort

Il était une fois, so der Name eines märchenhaften Teesalons im Burgund .... es war einmal - und ist noch immer - ein Virus, das um die Welt reiste und eine Pandemie auslöste. Da es sich als sehr gefährlich erwies, mieden die Menschen den Kontakt zu anderen, um sich nicht anzustecken.

Das ist leider kein Märchen, sondern eine globale Tatsache.

Wie in den meisten Ländern steht auch in Deutschland das öffentliche Leben im Frühjar 2020 still. Im Rahmen der staatlich verordneten Maßnahmen zur Kontaktbeschränkung hat die Bundesregierung eine weltweite Reisewarnung ausgesprochen, die EU hat die Außengrenzen geschlossen und die Virologen dämpfen die Hoffnung auf den gewohnten Sommerurlaub.

„Die Welt ist ein Buch, und wer nicht reist, liest davon nicht eine einzige Seite", so der Heilige Augustinus.

Ich lehne mich zurück und erinnere mich an meine Lieblingsseiten in diesem Buch, an Reiseziele, an denen mein Herz hängt und die mich immer wieder locken. Und ich denke an den Reiz der unbekannten Seiten, die mir jetzt verwehrt bleiben.

Schluss damit! Reisefieber ist zum Glück keine Viruserkrankung, man muss es nicht bekämpfen, sondern nur vorübergehend runter kühlen. Aber wie?

Ich beschließe, ab sofort mit dem Stift in der Hand eine Art Anti-Reise-Therapie zu machen, um das Fernweh in Heim-Euphorie zu verwandeln, in Corona kompatible Neugier auf meine eigenen vier Wände.

Ob mir das gelungen ist?

Vielleicht finden Sie, liebe Leserinnen und Leser, in den folgenden Texten die Antwort und nebenbei noch Gefallen an der historisch einmaligen Chance auf unvergessliche Home-Holidays.

Endstation Diele! Der Koffer bleibt zu Hause. Müßiggang und Freude gedeihen auch daheim! Und Kreativität erst recht.

Die Texte entstanden - mit einigen Ausnahmen - in der Zeit des Corona-Lockdowns.

Bei Fertigstellung des Gesamtwerks hat es bereits einige Lockerungen gegeben, Reisewarnungen gelten aber nach wie vor, vor allem für Reisen ins Ausland. Beliebte Reiseziele werden als Risikogebiete ausgewiesen.

Die Anti-Fernweh-Therapie empfiehlt sich in jedem Fall, schon allein der Umwelt zuliebe.

August 2020

14

I Diagnose Corona

Reisebekanntschaft

Ich brauche kein Auto, keinen Bus, keine Bahn,
Ich reise stets ohne Gepäck.
Ich überquere sogar den Ozean
Als blinder Passagier an Deck.

Ich habe die ganze Welt gesehen
Und bleibe selbst unsichtbar.
Mein Reisen verändert das Weltgeschehen
Und macht mich zum Medienstar.

Man spricht über mich in aller Welt
Und hält sich von mir argwöhnisch fern.
Ich bin kein Adonis, kein Frauenheld,
Ich hab nur so manch einen gern.

Ich bin dabei nicht anspruchsvoll
Und auch nicht genderbewusst.
Ich erfülle nur mein tägliches Soll
Und fröne der Reiselust.

Du warst mit mir noch nicht in Kontakt?
Ich steh nicht auf Schwärmerei.
In Beziehungen bin ich Autodidakt.
Gestatten: Sars-CoV-2.

Hitverdächtig

Auf die Melodie von „Ausgerechnet Bananen"

Ausgerechnet Corona,
Corona schleicht sich jetzt ein.
Wir haben schon Gastritis,
Reizdarm, Hepatitis,
Asthma und Arthrose,
Glaukom, Gürtelrose.
Viel Fett zum Absaugen,
Infarkt, Hühneraugen,
Gicht, Hämorrhoiden,
Beinlängen verschieden,
Haben Durchfall, Migräne,
Vereiterte Zähne
Und noch was muss doch nicht sein.

Ausgerechnet Corona,
Corona erzeugt Frustration,
Kein Handschlag, kein Drücken,
Auch Atmen hat Tücken,
Alltagsmasken zur Prävention.
Ausgerechnet Corona,
Corona verschließt uns die Welt,
Kein Ischgl, Verona,
Auch kein Barcelona,
Die Reise nach Nizza entfällt.
Du verdammtes Corona,
Wir holen dich von deinem Thron,
Wollen tanzen, wollen lachen,
Wollen Freude entfachen,
Rufen auf jetzt zur Rebellion!

Kleine Corona Chronik

Am 27. Januar 2020 wird der erste Corona-Infizierte in Deutschland aus dem Landkreis Starnberg gemeldet. Drei Tage vorher haben die Franzosen mitgeteilt, dass das neuartige Virus Europa erreicht hat.

Am 15. Februar registriert Frankreich den ersten Todesfall in Europa. Zu diesem Zeitpunkt sind fast 70.000 Menschen in China, dem Ausgangspunkt der Epidemie, mit dem Virus infiziert.

Anfang März zeichnet sich eine flächendeckende Ausbreitung des Coronavirus in Deutschland ab. Die Zahl der Infizierten steigt exponentiell. Erste Maßnahmen zur Prävention werden getroffen, um mögliche Infektionsketten zu unterbrechen.
Desinfektionsmittel, Seife, Nudeln und Toilettenpapier werden zu Verkaufsschlagern. Hamstern und Horten heißt die Devise.

Der erste Todesfall in Deutschland wird am 8. März bekannt. Am 11. März ruft die WHO eine Pandemie aus. Mitte März beläuft sich die Zahl bestätigter Fälle weltweit auf 1,7 Millionen, die Zahl der Todesopfer liegt bei 673.000. Das Virus hat sich in mehr als 185 Ländern ausgebreitet, Italien ist weltweit das Land mit den meisten offiziell gemeldeten Toten.

Am 22. März einigen sich Bund und Länder auf eine Beschränkung sozialer Kontakte. Sukzessiv werden Schulen und Kitas, Theater, Kinos, Museen, Gastronomie- und Dienstleistungsbetriebe geschlossen. In einigen Bundesländern herrschen strikte Ausgangsbeschränkungen. Aufenthalt im öffentlichen Raum ist nur im Kreis der Angehörigen des eigenen Hausstandes gestattet. Darüber hinaus gelten Abstandsregeln und Hygienemaßnahmen,

ab Mitte April Maskenempfehlung und wenig später Masken-pflicht.
Reisewarnungen, Einreisesperren und fehlende Übernachtungs-angebote verhindern die übliche Reisewelle zu Ostern. Die gewohnten Staumeldungen bleiben aus. Der Flugverkehr wird weitgehend eingestellt, Kreuzfahrtschiffe liegen im Hafen.

Das öffentliche Leben steht still, aber nicht völlig, denn allabendlich wird gemeinsam gesungen und musiziert, am geöffneten Fenster, in Gärten und auf Balkonen. Und applaudiert, Ärzten und Pflegepersonal, den Beschäftigten im Einzelhandel, allen, die permanent gegen das Coronavirus im Einsatz sind.

Ab Mitte Mai werden die Corona-Maßnahmen schrittweise gelockert, Abstandsregeln, Hygienemaßnahmen und Masken-pflicht in öffentlichen Räumen bleiben weiterhin bestehen.
Reisen sind wieder möglich, ins Ausland jedoch weiterhin kritisch.

Maskenverweigerer

Paragraph 4a

Laut Fernseh-, Radio- und Zeitungsbericht
Gibt's neben Melde- und Parkscheiben- jetzt Maskenpflicht
Im öffentlichen Verkehr, Einzelhandel und Schulunterricht,
In der unteren Wasserbehörde und im Obersten Landesgericht,
Für jedes Arsch-, Bleich- oder Milchgesicht
Mit Unter-, Ideal- oder Übergewicht,
Bei Kerzen-, Lampen- oder Tageslicht,
Für Angehörige der Ober-, Mittel- und Unterschicht,
Ob Gauner, Held oder Bösewicht.

Ab sofort und auf lange Sicht
Schlichtweg für alle,
Nur für mich nicht!

Ich übe mich in Maskenpflicht-Verzicht,
Weil die Pflicht meiner persönlichen Freiheit widerspricht,
Meinem ungezügelten Lebensgenuss,
Meinem berechtigten Bevormundungs-Überdruss,
Meinem unbefristet geltenden Eigennutz.
Was interessieren mich Corona-Regeln und Fremdenschutz?

Ostern 2020

Jetzt erst recht
Corona-Frühling 2020

Verwaist sind die Kaffeehausstühle,
Die Straßen menschenleer.
Sehnsuchtsvolle Frühlingsgefühle
Schwirren ziellos umher.

Das Vergnügen macht jetzt Pause.
Steriler Stillstand lähmt die Stadt.
Geplaudert wird nicht außer Hause
Und tätig ist nur, wer noch Arbeit hat.

Die Natur macht sorglos weiter,
Trotz allem, und vielleicht erst recht.
Eine Drossel singt ungeniert heiter
Und den Takt klopft Meister Specht.

Es hummelt, zwitschert und summt
Und ostert schon sehr bald.
Im Park huscht nasenvermummt
Eine einsame Menschengestalt.

Freude schöner Götter Funken,
Auf zum munteren Gefecht.
Vom Balkon aus wird gewunken,
Trotz allem, jetzt erst recht!

Shopping Queen

Unser täglich Blatt

Ich irre durch den Supermarkt
Und stehe kurz vorm Herzinfarkt:
Spitzkohl, Spargel und Spinat,
Sellerie, Stielmus und Salat,
Blumenkohl und Butterbohnen,
Mirabellen und Melonen,
Frische Erdbeeren auch im Winter,
Brombeeren direkt dahinter.
Beeren, Birne und Banane,
Süßer Schmand und saure Sahne,
Kartoffeln, Klöße und Kroketten,
Bockwurst, Braten und Bouletten,
Alaska-Seelachs in Panade,
Scholle, Karpfen und Dorade,
Hummer, Hering oder Hecht,
Wären auch nicht allzu schlecht.
Auf Hühner-, Puten-, Entenbrust
Hätt' ich auch mal wieder Lust.
Ich fang vor Panik an zu schwitzen,
Im Eisfach locken hundert Pizzen:
Prosciutto, Tonno, Hawaii, Pepperoni,
Margherita, Spinacci, Quattro Stagioni.
Ich weiß nicht, was ich nehmen soll,
Der Supermarkt ist viel zu voll.
Ich kriege fast das arme Dier
Und flüchte schnell zum Klopapier.
LEER!

Das Regal war immer rappelvolle,
jetzt liegt da keine einz'ge Rolle.
WER?
Tölpel, Trottel, Trump-Anhänger,
Heuchler, Hehler, Hundefänger,
Sänger, Säufer, Solotänzer,
Imker, Irre, Influencer,
Deppen, Diebe, Drogendealer,
Flegel, Faule, Falschgeldspieler,
Gangster, Gauner, Geisterfahrer,
Killer, Kläger, Kleingeldsparer.
Oder vielleicht Virusträger?
Gärtner, Geiger, Großwildjäger,
Schreiner, Schaffner, Scheidungsrichter,
Rentner, Radler, Rosenzüchter,
Gyros-, Gulasch-, Gurkenesser,
Lehrer, Lover, Landvermesser,
Priester, Playboys, Postzusteller.
Wer hortet das tägliche Blatt im Keller?
WER?

P.S.: Dasselbe gilt auch feminin,
Nur kommt das mit dem Reim nicht hin.
Denn auch die reizendsten Damen
fallen mitunter aus dem Rahmen.

Geschäftliches

Warum hast du mich verlassen?
Was hab ich dir angetan?
Kann es irgendwie nicht fassen,
Bin verzweifelt momentan.

Vermisse deine weiche Haut,
Strahlend weiß und jungfräulich,
Hab' überall nach dir geschaut,
Nirgendwo mehr fand ich dich.

Ich brauche dich doch für's Geschäft,
Du gingst mir gut zur Hand.
Heut' stand ich vor 'nem leeren Heft,
Da ich nichts anderes fand.

Du weißt, wir stehen unter Druck,
Das Endprodukt muss raus.
Wenn ich jetzt in die Zukunft guck',
Dann wird mir Angst und Graus.

Mein Sohn fragt heute leicht empört:
Muss denn das Tempo sein?
Ich gebe zu, dass es mich stört,
Doch fällt mir sonst nichts ein.

Drum bitt' ich dich ein letztes Mal,
Ich hab' das Warten satt.
Ich brauche nach dem Abendmahl
Nur dich, mein täglich Blatt.

Anfrage aus aktuellem Anlass (*Corona-Hotline*)

Darf man als Infizierter eine Anstecknadel tragen?

Da müssen Sie Ihren Arzt oder Apotheker fragen,
Gegebenenfalls auch einen Juwelier.
Sind Sie geboren im Zeichen des Stier,
Zieren Ihre Brosche Krebs, Jungfrau oder Wassermann,
rufen Sie am besten einen Astrologen an.

Ich bin Waage und auf der Nadel ist ein Hahn.

Dann empfehle ich eine Anfrage bei Minister Jens Spahn.

Meinen Sie denn, dass der so etwas weiß?

Nein, aber es wäre eine Art Vertrauensbeweis.
Sie sollten die Ansteckungsgefahr nicht unterschätzen,
Meiden Sie vorsorglich Andrang auf öffentlichen Plätzen.
Begeben Sie sich am besten nirgendwohin.

Das macht allerdings sehr wenig Sinn,
Ich trage die Nadel doch nicht für mich allein.

Verstehe, sie sollte ein Blickfang für andere sein.
Ach was soll's? Alles Papperlapapp.
Nehmen Sie die Brosche ganz einfach ab.
Sind Sie denn bereits mit Corona infiziert?

Nein, nein, ich habe nur ein wenig phantasiert.
Ich bin so einsam und wollte mit Ihnen schwatzen.
Daheim hab' ich nur zwei schnurrende Katzen.

II Reisefieber

Das ganze Unglück der Menschen rührt allein daher, dass sie nicht ruhig in einem Zimmer zu bleiben vermögen.

Blaise Pascal

Mal so richtig in Fahrt

An so manchem schönen Tage
Sind die Straßen ohne Frage
Voll mit hübschen Limousinen.
Gänzlich anders als auf Schienen
Kommt in diesen Blechlawinen
Kaum ein Reisender vom Fleck.

Von Berlin bis Wanne Eickel
Ist die Lage äußerst heikel.
Von Tirol bis Leverkusen
Hat man sehr viel Zeit zum Schmusen.
Das gilt auch von Mainz bis Füssen,
Wo Verliebte sich oft küssen.
Und im Stau vor Fallersleben
Kann man sich das Ja-Wort geben.
Singles müssen sich nicht sputen,
Haben mehr als 11 Minuten.
Macher schafft es unter sieben,
Sich im Stau neu zu verlieben.
Niemand kommt vom Fleck mehr weg.
Ja man könnte glattweg glauben,
Autos seien Liebeslauben,
Doch was sagt der Faktencheck?

Vor und hinter Braunschweig-Süd
Schlägt der Stillstand aufs Gemüt.
Und so fliegt in Braunschweig-Mitte
Schon die erste Butterschnitte,

Ob mit Schinken oder Käse
Ungebremst in das Gebläse.
Menschen schimpfen, schluchzen, schreien
Nicht nur zwischen Köln und Mayen.
Ob gen Süden oder Norden
liest man hier und da von Morden.
Deplatziert sind Staus auf Brücken,
Neulich schwamm kurz vor Saarbrücken
Eine Leiche in der Saar,
Depression im Jaguar.

Die Moral liegt auf der Hand:
Nur wer radelt, hat Verstand.

Retranchement, Zeeland

Wer spielt mit?

Willkommen an Bord von „Dein Schiff Saphir",
Exzellenter Service und Wohlfühl-Kabinen.
Lassen Sie sich rund um die Uhr bedienen
Mit Komfort, Entertainment und Gaumen-Plaisir.

Genießen Sie das Schauspiel der Wogen und Wellen
Und schippern an einsamen Stränden vorbei.
Im tiefblauen Meer grüßt majestätisch der Hai,
Sonnenuntergänge bieten Kulissen für Liebes-Novellen.

Kulinarische Highlights zur Gala-Soirée,
Body and Soul in der Wellnessoase,
Fashion-Boutiquen und Shopping-Ekstase,
Riesenrutschbahnen zum Außenbuffet.

Special Shows mit Live Music und Laser-Event,
Paradise Pool Party mit White Dress und Black Jack,
Eislauf-Eldorado auf dem Sonnendeck.
Wir garantieren Modern Lifestyle mit Happy End.

A3 getroffen, B 4 gesunken.
Ich muss plötzlich an ein Kinderspiel denken.
Wir spielten mit Begeisterung Schiffe versenken
Und kein Passagier ist jemals ertrunken.

Ich denke an Schweröl schluckende Kreuzfahrtschiffe,
Bespaßungsfabriken mit Feinstaub-Fontänen,
Müllmassen gebärende Luxusdomänen
Zerstörer atemberaubender Korallenriffe.

Ich spiele auch heute noch ohne Bedenken
Liebend gerne Schiffe versenken.

P.S.: Abgemacht! Ausgenommen Segelyacht!

Sea Cloud, Mykonos

Kond(ol)enz-Streifen

Man will die Lufthansa jetzt retten?
Etwa auch Condor, Eurowings und Ryanair?
Um Gottes Willen, ich möcht' wetten,
Der Himmel braucht die Alu-Kraniche nicht mehr.

Welch ein Genuss die streifenlose Weite,
Kein Monstervogel mehr am Horizont.
Von mir aus gehen die Billig-Airlines pleite,
Weil man sich jetzt an Ost- und Nordsee sonnt.

Vorbei der Shopping-Trip nach Mailand
Und auch kein Komasaufen mehr am Ballermann.
Ich frag begeistert unsern Heiland:
Fühlt sich für euch da oben das nicht herrlich an?

Wie wunderbar es ohne diese Flieger wäre!
Der Wind rauscht über stille Einflugschneisen,
Statt dumpfem Donnern in der Atmosphäre
Hört man den Lobgesang von Amseln, Drosseln, Meisen.

Ich fand die Alu-Kranichschwärme übertrieben
Und setze sie erbarmungslos auf Kerosin-Diät
Für einen Friday-Future-Himmel zum Verlieben.
Oh Schönefeld, dein neuer Flugplatz kommt zu spät.

Echt abgefahren I

Überpünktlich und in bester Reiselaune kam ich am Kölner Hauptbahnhof an. Eine entspannte Urlaubswoche in Potsdam lag vor mir, in meinem Lieblingshotel ganz in der Nähe des Schlossparks.

Ich hatte vorsichtshalber vier S-Bahnen früher die Fahrt nach Köln angetreten, man weiß ja nie. Erfahrungsgemäß fährt von vier S-Bahnen eine planmäßig.

Vier wären allerdings nicht nötig gewesen, denn der ICE von Köln nach Berlin hatte mal wieder Verspätung, 35 Minuten. Ich stand zwischen Abschnitt B und C und kontrollierte mindestens 10 Mal, ob Wagen 8, mein Wagen 8 mit Sitzplatz 27, auch wirklich zwischen diesen beiden Abschnitten hielt.

Zum ersten Mal hatte ich es geschafft, eine Sitzplatzreservierung im DB Navigator zu buchen. Ich war stolz wie Oskar. Oskar? Wie ist denn die gendergetreue Version? Oskar*in? Oder Oskar*ina? Egal, ich war stolz auf mich.

Ich sah ungefähr doppelt so oft auf die Uhr und setzte mich auf den frei gewordenen Platz einer Dame, die aufstand, wahrscheinlich um zu kontrollieren, ob Wagen 8 zwischen Abschnitt B und C hielt.

Nach 35 Minuten Verspätung fuhr der Zug pünktlich ein, der Intercity-Express nach Berlin. Wagen 8 war nicht dabei. Entrüstet posaunte ich diese Feststellung in die wartende Menge.

„Kann passieren," sagte die Blondine mit fast lückenlosem Gesichtspiercing neben mir, hab ich auch schon erlebt."

Damit war meine Reservierung im DB Navigator natürlich komplett im Eimer. Ich stieg in Wagen 9 ein, alle Plätze besetzt. Vier Abteile weiter erspähte ich endlich einen leeren Platz. Im Großraumabteil mit Tisch!

Glückspilzin, dachte ich und machte es mir gemütlich. Ich holte mein Nackenkissen und den Reisekrimi aus der Tasche und legte ihn neben den Laptop meines Sitznachbarn auf den Tisch. Dieser war so digital abgetaucht, dass er im Gegensatz zu den beiden Reisenden vis-à-vis meinen freundlichen Gruß nicht erwiderte.

Gerade wollte ich das Buch aufschlagen, da legte es los, mein direktes Gegenüber, ein etwas korpulenter älterer Herr, die grauen Resthaare kreisförmig um die kahle Mitte gelegt, graue Strickjacke zum karierten Hemd, sehr redselig, wie sich bald heraus stellte, aber leider auch sehr schwerhörig und überhaupt mit hohem Leidaufkommen: Borreliose, Gürtelrose, Arthrose, neue Hüfte rechts, zwei Bandscheibenvorfälle, Knie-OP links. Kurz vor Bielefeld schwankte er zwischen Gastritis und Divertikulitis, er hatte sich noch nicht entschieden. Ich bot ihm Reizdarm als Kompromiss an, doch er war bereits bei den Hämorrhoiden, Veröden sei effektiver als Vereisen.
Ich nickte nur kurz und sah, wie der Sitznachbar neben dem Patienten ohne Grenzen, ein junger Mann mit schwarz-gelbem BVB-Schal seine Kopfhörer abnahm. Die Gelegenheit, um die Spur zu wechseln.
„Techno-Fan?" fragte ich und mied eisern den Blick meines direkten Gegenübers, bei dem sich jetzt vermutlich alle weiteren medizinischen Eingriffe im Kopf stauten. Er drosselte sein Redetempo, bis er zwangsläufig völlig zum Stillstand kam.
„Reggae,"antwortete der Borussia-Fan und verstaute die Kopfhörer in seinem Rucksack. „Bielefeld, muss raus." Er stand auf und verließ das Abteil.

Der Wortstau meines übrig gebliebenen Gegenübers hatte sich bereits aufgelöst. Er war mit einem solchen Affenzahn in die Radiologie gerast, dass die Röntgenaufnahmen bereits fertig waren, als ich mich wieder auf das Zuhören konzentrieren konnte.

„Zum Glück noch keine Arthrose, Bursitis subacromialis. Schleimbeutelentzündung in der rechten Schulter."

Er atmete tief durch.

Noch keine...dachte ich, wie lange würde der Ärmste wohl darauf warten müssen?

„Bursitis hatte ich mal im linken..."

„Nichts Schlimmes," fuhr er fort, „aber sehr langwierig in der Behandlung."

Und wie! Die entzündungshemmenden Spritzen mit Lokalanästhetikum, die regenerative Kältetherapie kombiniert mit regelmäßiger Krankengymnastik und die fokussierte Stoßwellentherapie im Anschluss waren tatsächlich erst hinter Hannover abgeschlossen. Ohne Zwischenstop folgte der Abstecher in die Kardiologie. Jetzt gab er richtig Gas. Beim zweiten Bypass musste ich *leider* aussteigen.

„Jetzt schon?"fragte mein Patient aus Leidenschaft voller Entsetzen.

„Wir haben doch noch eine gute Stunde bis Berlin."

„Ja, ich unterbreche die Fahrt in Wolfsburg, um meine Cousine zu besuchen. Ich fahre morgen erst weiter", sagte ich und zog hastig meine Jacke an. Er sah mich verwirrt an.

„Cousine in Wolfsburg, morgen weiter!" schrie ich.

Ich erhöhte den Frequenzbereich um geschätzte zwei Kilohertz und wünschte dem redseligen Gehörlosen noch alles Gute.

Mit gesenktem Haupt schlich ich aus dem Abteil. Mit Sicherheit hatten sämtliche Zuggäste im Großraumabteil meine Worte mitbekommen und mindestens die Hälfte von ihnen hatte meine Lüge durchschaut. Ein letztes Umdrehen war nicht mehr möglich.

Ich nippte gelassen an meinem heißen Kakao im Bahnhofsbistro. 60 entspannte Minuten lagen vor mir, denn der Intercity-Express nach Berlin fährt stündlich. Wenn er dann fährt, genauer gesagt, wenn er dann hält. Der nächste tat es nicht. Bereits im Jahr 2011 hatten zwei Züge den fahrplanmäßigen Halt in Wolfsburg verpasst und die Stadt quasi links liegen gelassen, erfuhr ich bei google. Und ich dachte immer Bielefeld sei die Stadt, wo kein Zug und kein Auto hält.

Der übernächste hatte runde 30 Minuten Verspätung, dafür aber einen Wagen Nummer 8, den ich ebenso konsequent mied wie sämtliche übrigen Waggons. Mobiler Stehplatz im Gang, Fluchtweg frei, das war es, was ich jetzt suchte und fand. Egal wie lange die Reise noch dauern sollte.

Noch vor Eintreten der Dunkelheit betrat ich mein Zimmer mit Blick zum Schlosspark.

Die Rückfahrkarte ließ ich verfallen. Mein neuer Wohnsitz ist Potsdam. Das Apartment, das ich über die Wohnungsbörse im Internet gefunden habe, wird zum 1. Oktober frei. Den Mietvertrag habe ich gestern unterschrieben. Ich lebe übergangsweise wie Diogenes in einem Fass. Es steht auf einem Campingplatz am Schwielowsee, in der Nähe von Potsdam und ist mit Bett, Tisch und Regal ausgestattet, vermutlich etwas komfortabler als das von Diogenes.

Mein schnuckeliges Hotel in Potsdam war in der zweiten Septemberhälfte leider ausgebucht.

Für meine Wohnung in Rösrath habe ich problemlos einen Nachmieter gefunden. Die Umzugsfirma ist bereits bestellt. Einpacken inbegriffen. Nicht gerade günstig, aber das ist mir die Sache wert.

Ein paar Tage hatte ich überlegt, ob ich vielleicht die zweite Option wählen sollte, habe mich dann aber doch gegen die Anschaffung von Kopfhörern für die Rückreise entschieden. Warum? Keine Ahnung, vielleicht ist es die spürbare Nähe zum Schloss Sanssouci, dem Schloss ohne Sorgen.

Hatte ich schon erwähnt, dass ich jetzt regelmäßig „Hauptsache Gesund" im MDR gucke? Mit Notizblock und Stift, um außergewöhnliche Krankheiten und seltene OPs in Stichworten festzuhalten. Man bzw. frau kann ja nie wissen.

Vielleicht trete ich irgendwann mal eine Reise in meine frühere Heimat an. Wehe dem, der mir dann gegenüber sitzt!

Echt abgefahren II

An so manchem schönen Tage
Sind die Straßen ohne Frage
Voll mit hübschen Limousinen,
Darum wählte ich die Schienen.
Sitzplatzreservierung via Internet,
den DB Navigator fand mein Apfel-Pad,
Einzelsitz Wagen 8 mit Ruhezone
Ohne bimmelnde Mobilphone.

Der ICE fuhr mit 40 Minuten Verspätung ein,
Wagen acht schien nicht dabei zu sein.
„Kommt vor," sagte der Reisebegleiter.
Einen freien Platz fand ich sechs Waggons weiter.
Ich freute mich sofort riesig darüber,
Und grüßte freundlich mein Gegenüber.
Ein redseliger Herr mit hohem Leidaufkommen
hat synchron zum Zug an Fahrt aufgenommen:
Zwei Bandscheibenvorfälle und Gürtelrose
Knie OP links, rechts nur Arthrose,
Grauer Star und künstliches Hüftgelenk,
Der Bordservice kam mit einem kühlen Erfrischungsgetränk.
„Sehr aufmerksam, aber Kaltes kann mein Magen
überhaupt nicht mehr vertragen,"
sagte der Patient aus Leidenschaft.
Ich nahm einen Piccolo mit Orangensaft.
„Wahrscheinlich eine üble Form von Gastritis,
Möglicherweise Dickdarm-Divertikulitis."
Er könne sich momentan nicht entscheiden.
Ich bot Reizdarm als Kompromiss zwischen beiden.

Zu spät, er war bereits bei den Hämorrhoiden,
Den Blickkontakt hab' ich reflexhaft vermieden.
Veröden sei viel effektiver als Vereisen,
Zäpfchen biete das Internet zu Dumpingpreisen.
„Oh, Schauen Sie," rief ich, „die Sonne kommt raus!"
Aber da lag er schon wieder im Krankenhaus.
Leistenbruch OP minimalinvasiv,
Das Verfahren sei überaus effektiv.
So habe man ihm auch zwei Zysten entfernt.
„Zum Glück war der Chirurg nicht ungelernt,"
Sagte ich und wollte dem Ganzen etwas Leichtigkeit geben,
Ich hatte Angst, er würde die nächste OP nicht überleben.
Wesentlich langwieriger sei die Behandlung der Bursitis
subacromialis gewesen.
Er schien in der Tat fast gar nicht mehr zu genesen.
Die entzündungshemmenden Spritzen mit Lokalanästhesie,
Gefolgt von fokussierender Stoßwellen- und Kältetherapie
Waren erst hinter Hannover erfolgreich abgeschlossen.
Ich habe mir daraufhin einen Piccolo pur eingegossen.
Den zweiten Bypass hätte ich gerne noch mitbekommen,
Aber nach dem ersten war der Zug in Berlin angekommen.
Ich bin statt ins Hotel direkt in eine Buchhandlung gegangen
Und habe schon im Laden mit dem Lernen angefangen:
„Praktische Medizin für das 3. Semester".
Zweites Kapitel: Bandscheibenvorfall L4 mit Sequester.
Für Kapitel 3 bin ich dann in mein Hotel geflitzt.
Wehe dem, der auf der Rückreise vor oder neben mir sitzt!

III Fernwehwehchen

Willst du immer weiter schweifen?
Sieh, das Gute liegt so nah.
Lerne nur das Glück ergreifen,
Denn das Glück ist immer da.

Johann Wolfgang Goethe

Überall ist Wunderland.
Überall ist Leben.

Joachim Ringelnatz

Bergisches Land

Nah- und Fernerholung

Warum denn in die Ferne schweifen,
Wenn das Gute liegt so nah?
Die Dom Rep kann ich mir verkneifen,
Im Kongo lauern Gelbfieber und Malaria,
Auf den Bahamas Stürme und Hepatitis,
In Australien Seewespe und Würfelqualle.
In Maspalomas gastiert häufig Gastritis,
Ballerfrauen und -männer grölen auf Malle.

In Sibirien ist das Leben zu hart,
In Spanien sind's nur die Matratzen.
In Pakistan versteckt man sich hinter Burka und Bart,
In Thüringen grölen hirnlose Glatzen.

Aufgrund fehlenden Fanatismus für Dauerregen
wird's nichts mit Dublin, London und Reykjavik.
Fastenwandern im Himalaya scheint zu verwegen,
Beim Oktoberfest auf der Aida stört nicht nur die Blasmusik.

Die Ayurvedakur in Indien oder Thailand
Reizt mich auch in der Eifel nicht,
Ebenso wenig das Modemekka von Mailand
Und FKK-Urlaub für Senioren bei Tageslicht.

Cornwall verspricht Pilcher-Idylle mit Happy End,
Doch in England herrscht Linksverkehr
Und in Amerika der falsche Präsident.
Die Türkei geht wegen Erdogan nicht mehr.

Adipös macht in Österreich der Palatschinken
Und süchtig der Grand Cru im Burgund.
In Indien darf man kein Leitungswasser trinken
Und in China serviert man Basmati mit Hund.

Brandenburg liegt zu nah an Polen,
Die Uckermark ist Wlan-frei.
In Grünheide wurde unser Auto gestohlen,
Im Schnitt klaut man dort eher drei.

Bielefeld liegt nicht am Meer,
Oberammergau hat keinen Strand.
Bayrisch is fei scho a bisserl schwer
und Schwäbisch raubt einem den Verstand.

Rimini ist im Sommer zu heiß und zu laut,
Grönland zu kalt und zu still.
Die Costa Blanca ist mit Beton zugebaut
Und wen reizt schon der Teutonengrill?

Es wundert mich schlechterdings nicht,
Drum wandere ich fern vom Asphalt,
Dass niemand von Fernerholung spricht,
Nah-erholt durch den heimischen Wald.

Côte Meditérranée

L'Enfer-sur-Mer

Makellos blauer Julihimmel,
Barbusiges Brutzeln im Sand,
Undurchdringbares Menschengewimmel,
Keine Lücke mehr für ein Handtuch am Strand.

Kein Platz auf den riesigen Sonnenterrassen,
Geplündert das sahnige Kuchen-Buffet.
Klebrige Münder hängen an Kaffeetassen
Und schlürfen schweigend Kaffee.

Man starrt gebannt auf sein Mobilphon
Zwecks Whats-, Wetter-, Werbe-App.
Da ertönt ein harmloser Klingelton,
Der Kellner serviert gerade Crêpes.

Es bimmelt an Tisch Nummer vier, fünf und zehn,
Daneben, dahinter, davor,
Aus Jacken, aus Taschen und aus Versehen,
Happy Hour für Jedermanns Ohr.

Begrüßung, Geplauder, Gelächter, Geschrei,
Der Kellner steht kurz vorm Infarkt.
Eine Hummel fliegt völlig gelassen vorbei,
Sie hatte auf dem Vordach geparkt.

„Guide Michelin verspricht friedliche Stunden im Strandcafé
Und endlos einsame Strände?"
„Madame," antwortet höflich der Nachtportier,
„Das war in der Belle Epoque, nach der Jahrhundertwende."

Bergisches Land

Überall und Nirgendwo

Überall ist Wunderland
Laut Alltours und Neckermann.
Überall liegt einer am Strand,
Rund 11 Millionen in Cannes.

Überall treibt Reiselust
Ins sonnengereifte Land.
In Rimini stecken im Monat August
40.000 Sonnenschirme im Sand.

Überall lockt Badespaß
Im türkisfarben-glitzernden Meer
Überall treibt Flaschenglas
Neben 10.000 Tonnen Plastik umher.

Überall lauert Köstliches:
Bouillabaisse, Risotto, Ragout.
Man serviert jetzt auch Fernöstliches
Mit Dosenbier und Pommes dazu.

Nicht überall ist Wunderland,
Doch zu Hause unterm Apfelbaum,
Wo ich die Sehnsucht nach Nirgendwo fand
In meinem unbekümmert luftigen Traum.

Mal ganz ehrlich

Wann läuft es im Urlaub wirklich so, wie man es sich vorgestellt hat? Und sollte man auf den hübschen Ansichtskarten immer die volle Wahrheit sagen? Wer bringt es denn übers Herz, auf der Rückseite eines herrlichen Strandmotivs mit Sonnenuntergang oder einer Städteansicht mit einzigartigen Prachtbauten das komplette Ausmaß des aktuellen Urlaubsdesasters zu beschreiben? Begeisterte Worte also oder besser doch die ungeschönte Wahrheit? Das ist hier die Frage.

Hallo Ihr zwei echten Fuffziger.
Grünheide ist total dufte. Der
Campingplatz liegt trotz der Nähe zur
Großstadt sehr idyllisch mitten im Grünen.
Zu Fuß bis zum nächsten Bahnhof läuft
man eine knappe Stunde durch den Wald.
Macht nüscht. wir sind eh den ganzen Tag
zu Fuß unterwegs. Das Auto pausiert. Wir
setzen voll auf Entschleunigung und pilgern
daher auch die 6km zum Supermarkt. mit
Rucksack. echt knorke. Loofen soll ja
gesund sein. Am ersten Tag sind wir mit
dem Zug nach Berlin. nettes Amüsemang
und imma schön Berlinerisch lernen.
Morgen wollen wir mal ins DDR-
Museum rinkieken. Icke freu mich jetze
schon unjemein.
Allet in Butta die zwei Urlaubs-Pilger

Petra und Olaf Bürger

Bergstr. 8

D-51643 Gummersbach

Hallöchen Ihr Glücklichen auf Rädern.
wir haben uns spontan zu einer Pilgertour
entschlossen. rund um Grünheide. wo unser
Campingplatz sehr idyllisch mitten im
Grünen liegt. Wir sind gleich am ersten Tag
nach Berlin. Überraschung bei der Rückkehr
am Bahnhof Grünheide: unser Kombi weg.
Wir hatten die E-Bikes noch nicht
ausgeladen. super großzügiges Trinkgeld
unsererseits. „Passiert täglich. bis zu drei
Autos. Die werden gleich in Polen zerlegt."
so der freundliche Polizist. Echt fleißig
diese Typen! Jetzt machen wir alles zu Fuß.
knappe Stunde zum Bahnhof durch den
Wald. gefühlt zwei Stunden auf dem
Rückweg im Dunkeln! Gleiche Entfernung
zum Supermarkt. zurück das Doppelte wegen
der vollen Einkaufstaschen. Morgen wollen
wir ins DDR – Museum. Hoffentlich
schüttet es nicht wieder! Die Goretex-Jacken
waren nämlich auch im Auto. Noble Spende
für den nächsten Diebstahl im Regen!
Opfer-Grüße von den zwei Profi-Pilgern

Petra und Olaf Bürger

Bergstr. 8

D-51643 Gummersbach

Liebe Plöner Seerose,
Ostende ist wirklich eine Reise wert.
Unsere Ferienwohnung liegt im 9. Stock,
wir haben eine sagenhafte Aussicht auf's
Meer. Bisher war es leicht bedeckt, daher
warten wir noch ein bisschen, bevor wir ins
Wasser springen. Dem Duft der leckeren
Pommes kann man hier kaum widerstehen,
und wir haben uns gleich am ersten Tag
eine Riesenportion gegönnt. Gestern waren
wir im Muzee, ein echter Touristenmagnet,
sonst würden nicht so viele davor warten.
Auf der Hinreise hatten wir kurz vor
Ostende ein irres Gewitter: vor uns eine
riesige schwarze Wand, Blitze, Hagel fast
so groß wie Golfbälle und Starkregen. Ein
tolles Naturschauspiel.
Windige Grüße die zwei Nordsee-Fritten

Rosemarie Wagner

Freilichtstr. 47

D-24306 Plön

Liebe Plöner Seerose,
Ostende kann man echt knicken:
Hochhäuser, Lärm, Abgase und überall
Pommesmief. Der Blick aufs Meer von
unserer Ferienwohnung im 9. Stock mag
ja ganz reizvoll sein, aber wenn der Aufzug
kaputt ist und es Tage lang nur schüttet,
geht der Reiz schnell verloren. Baden geht
hier nur die gute Laune, wir nicht. Was
tun bei Dauerregen? Ins Museum, auf die
geniale Idee kamen alle West- und
Ostender*innen (und außen) natürlich auch.
Endlos lange Warteschlange vorm Eingang.
Auf der Hinreise hatten wir kurz vor
Ostende ein Wahnsinnsgewitter: riesige
schwarze Wand, Blitze, Hagel wie
Golfbälle und Starkregen. Wir hatten nur
den einen Gedanken: das Ostende naht.
Und dann war es da. Nie wieder!
Apokalyptische Grüße die zwei Frittierten

Rosemarie Wagner

Freilichtstr. 47

D-24306 Plön

IV Reise ohne Risiken und Nebenwirkungen

Der Weise versteht die Welt, ohne zu reisen

Lao-Tse

Civita di Bagnoregio

Dante lässt grüßen

Hallo Ihr Lieben,
der Urlaub kann beginnen. Wir hocken in unserer gemütlichen Luxushütte und harren der Dinge, die nun kommen.
Luxushütte? Ja, wir gönnen uns den Luxus des Verzichts, der Bescheidenheit, der Freiheit. Nur das Nötigste haben wir an Bord. 10.000 Dinge soll der Mensch im Durchschnitt besitzen. Hier im Wohnwagen habe ich höchstens 5 % davon, wunderbar übersichtlich. Als hätte ich eine schwere Rüstung abgelegt, lasse ich alles Überflüssige zu Hause. Kein Suchen, kein Fluchen.
Unser Campingplatz direkt am Bolsena-See, einem Paradies für Wasserratten, ist wildromantisch. Kein Haus weit und breit. Der einzige Ort am See liegt genau auf der anderen Uferseite.
Und das Wetter? Natürlich sereno, heiter, wie wir auch. Morgen Abend mehr.
Saluti romantici
Claudia

Cari amici,
der erste Urlaubstag war himmlisch. Wir haben uns erfolgreich im Dolce far niente geübt und sind abends freiwillig ins Fegefeuer gegangen, auf Italienisch purgatorio. So heißt das romantische Restaurant direkt am See, knapp zehn Minuten zu Fuß vom Campingplatz entfernt.
Der Garten ist paradiesisch, das Essen göttlich und die Bedienung ein blond gefärbter Engel.
Wenn so das Fegefeuer aussieht, werde ich mir ab sofort ein Sündenregister zusammenstellen, das ich täglich abarbeite. Ich habe mir schon ein paar passende Sünden überlegt: nach dem Essen die Zeche prellen, in die Küche gehen und den Koch

ohrfeigen, dem Tischnachbarn ein Glas Rotwein über das schicke Armani-Hemd schütten, vielleicht auch heimlich die kostbare Vase im Innenbereich mitnehmen.

Oder noch besser alle vier Möglichkeiten auf einmal ausschöpfen. Noch bevor ich zur Tat schreiten konnte, hatte mein Göttergatte schon den Wein ausgetrunken und die Rechnung bezahlt. Und die kostbare Vase ließ ich leider auch stehen, warum auch immer. Sündenfrei zu Bett gehen, welch ein Alptraum!

In der Nacht hätte ich die Gelegenheit gehabt, den Nachbarn in seinem Einmannzelt mit der Gasflasche zu erschlagen, weil er so grauenhaft schnarchte. Aber ich war nach dem üppigen Essen am Abend zu träge, um noch mal aufzustehen.

Trägheit! Das ist sie, eine der sieben Todsünden, für die man sich einen Platz im Fegefeuer sichert. Ich bin gerettet! Dem Weg dorthin steht nichts mehr entgegen. Morgen gebe ich mich der Faulheit hin, dem süßen Nichtstun: Chillen, Schlemmen, Schlafen, das 24 Stunden-Fegefeuer-Warm-up.

Entspannte Grüße aus dem Sündenpfuhl
Claudia

Liebe Daheimgebliebene,
die letzten Tage waren so himmlisch wie der erste. Wir leben wie Gott in Italien. Ich weiß, er lebt eigentlich in Frankreich, aber ein Ortswechsel täte ihm auch mal gut.

Wir haben unserem Touristenstatus alle Ehre gemacht und einige Insider-Tipps befolgt. Mit dem Auto sind wir durch das Valle Umbra, mit dem Fahrrad um den See und mit der Rolltreppe ins Mittelalter gefahren. Wirklich beeindruckend die 450 m lange Rolltreppe, die die Besucher Perugias in die auf 500 m Höhe gelegene Altstadt transportiert.

Nach Perugia haben wir die Strecke durch das Valle Umbra gewählt, das Tal des Paradieses, wie es Goethe beschrieb. Ich stelle fest, das Paradies ist auch nicht zu verachten. Wie muss wohl die Hölle sein?

Bei unserer Radtour um den See war es verdammt heiß und ich habe bei unserem Zwischenstopp in Bolsena ein kühles Bad genommen.

Am Abend hat uns der Campingplatzbesitzer gewarnt, man solle auf keinen Fall in Bolsena ins Wasser springen, dort gingen die Abwasserrohre direkt in den See. Die Gelder für eine Kläranlage seien in irgendwelche zwielichtigen Kanäle geflossen.

Wie aufmerksam diese Warnung, für mich leider etwas zu spät. Na bitte, das war sie also, die Hölle, die Kloake der 4000 Einwohner Bolsenas, in der ich vergnügt geplanscht hatte.

Ein höllisches Badevergnügen.

Eine besondere Perle außergewöhnlicher Architektur ist übrigens der westlich des Bolsena-Sees gelegene Künstlerort „Civita di Bagnoregio". Er hat nur 16 Einwohner und gehört zu den „Borghi più belli d'Italia", den schönsten Orten Italiens. Er liegt einsam auf einer Anhöhe und ist ausschließlich über eine Fußgänger-brücke zu erreichen. Der Grund für die Isolation des Ortes ist die fortschreitende Erosion des Hügels. Es besteht die Gefahr, dass das Dorf irgendwann ganz verschwindet, daher wird es auch „la città che muore", die sterbende Stadt, genannt. Ob Städte nach ihrem Ableben auch ins Paradies kommen?

Diesseitige Grüße
Claudia

Ciao a tutti,

nachdem wir das komplette Jenseits-Programm erfolgreich absolviert hatten, haben wir uns auf die Heimreise gemacht. Die war sehr entspannt und dauerte nur eine Minute.

Ja, ihr habt richtig gelesen: höchstens eine Minute. Ich musste nur das Fotoalbum zuklappen, denn wir haben uns keinen Meter von zu Hause entfernt. Wir sind lediglich in unseren Wohnwagen vor der Haustür gestiegen, haben das Album mit den Fotos unseres Umbrien-Urlaubs 1998 mitgenommen und in Erinnerungen geschwelgt.

Eine Erinnerungsreise vor Ort. Schöner als damals hätte es nicht werden können, denn auf unserer wildromantischen Seeseite hat man mittlerweile Ferienwohnungen gebaut, der Campingplatz wurde vergrößert und der Tourismus in Umbrien hat gewaltig zugenommen.

Welchen Sinn hätte es also gemacht, diese Reise von damals zu wiederholen?

In diesem Sinne herzliche Grüße von Zuhause
Claudia

Home Holidays *Europa in fünf Tagen*

Europa in nur fünf Tagen? Nein, nicht wie Sie meinen, rein in den Flieger und raus ins Vergnügen, von einer europäischen Hauptstadt zur nächsten jetten, Europa im Zeitraffer, den Zeigefinger immer auf der Auslösetaste, time is picture. Die Sehenswürdigkeiten fotografisch abarbeiten, das kann auf keinen Fall meine Empfehlung sein. Wenn Sie meinen Reiseblog kennen, wissen Sie, dass ich Sie eher an besondere Orte führe, fernab vom Massentourismus, wo man die Natur genießen und die Seele baumeln lassen kann. Ein Urlaub à la carte, garniert mit ein bisschen Kultur und regionalen Leckerbissen.

Aber was ich Ihnen heute empfehlen möchte, ist ein völlig neues Urlaubsmodell, denn mein *Europa in fünf Tagen* ist alternativ, kreativ, innovativ, ein rein mentales Reisevergnügen, das sich zu Hause in den eigenen vier Wänden abspielt, Corona-kompatibel und umweltschonend, ohne Anfahrt und mit Übernachtung im eigenen Bett. Keine ungemütlichen Hotelzimmer, keine rücksichtslosen Zimmernachbarn, keine endlosen Staus, keine Fluglotsenstreiks, kein endloses Warten an der Gepäckaufgabe und von den phänomenalen Überraschungen der Deutschen Bundesbahn ganz zu schweigen.

Kofferpacken ist erlaubt, ja sogar erwünscht, packen Sie einfach das ein, was Sie auch sonst mitnehmen. Der Koffer bleibt geöffnet im Schlafzimmer stehen, bedienen Sie sich nach Lust und Laune. Die erste Voraussetzung für ein mentales Urlaubsfeeling. Und dann machen Sie sich auf die Socken, im wahrsten Sinne des Wortes, denn Schuhe sind in den eigenen vier Wänden nicht erwünscht.

Home-Office Paris

Jeder Urlaubstag hat einen speziellen Schwerpunkt. Die präzise Gestaltung der einzelnen Tage überlasse ich Ihnen, Kreativität ist gefragt und lässt Spielraum für individuelle Vorlieben. Virtuelle Führungen, Videoclips musikalischer und literarischer Art, Sachinformationen inklusive aller Chansontexte mit deutscher Übersetzung finden Sie ebenso wie Kochrezepte und Stadtpläne im Netz.

Es kann losgehen, am ersten Tag beamen Sie sich nach Paris:
Frankreich musikalisch, von Aznavour bis Zaz

Beginnen Sie den Tag mit einem Café au lait und knusprigen Croissants vom Bäcker Ihrer Wahl und lassen Sie sich von Jacques Dutronc und seinem unvergesslichen Song „Paris s'éveille", Paris erwacht, in die faszinierende Hauptstadt an der Seine versetzen. Erleben Sie die pulsierende Atmosphäre der erwachenden Metropole im eigenen Wohnzimmer.
Verlassen Sie sich auf Ihre Einbildungskraft und spüren Sie „le vent qui passe", den vorüberziehenden Wind und den Duft der Maiglöckchen, „ce parfum de muguet" und genießen Sie Paris im Frühling, wie Charles Aznavour es in seinem Chanson „J'aime Paris au mois de mai" beschreibt.
Flanieren Sie nach dem Frühstück inspiriert durch den Erfolgshit von Joe Dassin „Les Champs-Elysées" über die berühmte Prachtstraße, von der Place de la Concorde bis zur Place Charles-de-Gaulle. Schlendern Sie mit Edith Piaf „Sous le ciel de Paris", unter dem Himmel von Paris, an der Seine entlang und spazieren Sie mit Leo Ferré über die „Pont Mirabeau". Verweilen Sie einen Augenblick auf der berühmten Brücke im Gedenken an den Poeten Guillaume Apollinaire, der im Alter von 38 Jahren an der spanischen Grippe verstarb und mit seinem melancholischen Gedicht die Textgrundlage für das berühmte Chanson schrieb.

Unternehmen Sie anschließend vom Sofa aus einen virtuellen Rundgang durch den Louvre, besichtigen Sie ohne Schlangestehen den Eiffelturm und genießen Sie völlig schwindelfrei den 360-Grad-Ausblick. Lassen Sie sich in die einzigartige Architektur des Grand Palais abseilen und verweilen Sie ohne Gedränge unter dem gigantischen Glasdach.

Servieren Sie sich eine Quiche zur Mittagspause, bevor Sie mit „La Bohème" von Charles Aznavour einen Abstecher zum Montmartre machen, um eine Brise Künstlerleben zu schnuppern. Wem eine Brise Seeluft lieber ist, der begebe sich mit Jacques Trenet und seinem Erfolgsschlager der Nachkriegszeit „La mer" zu einem Strandspaziergang ans Mittelmeer, um mit ihm gemeinsam die Reflexe des Sonnenlichts auf dem Wasser zu bestaunen.

Auf jeden Fall wird bei Ihrer Rückkehr die Metropole unverändert sein, denn mit voller Überzeugung wiederholt die französische Nouvelle-Chanson-Sängerin Zaz, die den Klassiker von Maurice Chevalier mit Stilmitteln des Jazz aufgepeppt hat, den Refrain des gleichnamigen Chansons „Paris sera toujours Paris", Paris wird immer Paris sein. Lassen Sie den Tag ausklingen mit Edith Piafs berühmtesten Chanson „Non, je ne regrette rien", nein, ich bereue nichts, denn Sie stehen voll und ganz hinter diesem innovativen Reisekonzept.

Freuen Sie sich auf den morgigen Ausflug, auf *Italien kulinarisch*. Sie werden sich wieder auf die Socken machen, dieses Mal nach Rom. Im Vordergrund stehen die landestypischen Gaumenfreuden gemäß dem Motto: Pizza, Pasta, Panna cotta.

Weiter geht es mit *Spanien literarisch*, auf den Spuren des Schriftstellers Carlos Ruiz Zafón, der Sie in seine Geburtsstadt Barcelona entführt.

Holland sprachlich bietet Ihnen am darauf folgenden Tag die Gelegenheit, intensiv Niederländisch online zu lernen.

Der Europa-Trip endet mit *Schottland alkoholisch.* Whisky aus fünf Regionen: Highland, Island, Lowland, Campbeltown oder Speyside. Einen davon finden Sie sicher im nächst gelegenen Supermarkt. Vorsicht: 63 bis 68 % Alkoholgehalt haben es in sich! Cheers!

Wer mit dem Erlernen der italienischen Sprache liebäugelt, kann jederzeit Schwerpunkte austauschen. Ich gebe allerdings zu bedenken, dass Sie dann Holland kulinarisch bereisen werden.

Natürlich wäre auch Frankreich alkoholisch reizvoll: Pastis, Pernod, Pinot Noir. Wem die französischen Chansons nicht so zusagen, der kann alternativ zur schottischen Dudelsack-Musik abrocken.

Ich würde mich freuen, wenn Sie diesen Blog nutzten, um von Ihren persönlichen Erfahrungen als touristischer Couch-Potato zu berichten.

Und noch ein kleiner Tipp zum Schluss: Basteln Sie originelle Ansichtskarten aus bunten Papierschnipseln und schicken Sie diese mit Lobeshymnen auf Ihr bahnbrechendes Europa-Abenteuer an Freunde und Bekannte, die gerade ihren Spanien-Urlaub mit einer 14-tägigen Quarantäne beenden.

Vielleicht kennen Sie auch jemanden, der seit Wochen auf einem Kreuzfahrtschiff in totaler Isolation haust. Er wird sich bestimmt über Ihre analoge Post freuen.

Und teilen Sie unbedingt allen mit, dass **Sie** ab sofort nicht mehr zu denjenigen gehören, die das Abschmelzen der Polkappen zu verantworten haben.

Brecht-Weigel-Haus am Schermützelsee, Brandenburg

Reise durch meine vier Wände

Wie sind in diesem Jahr die Urlaubspreise?
Ich weiß es nicht, weil ich nicht reise.
Kein Gepäck, keine Staus, keine vollen Strände,
Ich reise entspannt durch die eigenen vier Wände.

3. Tag
Der Urlaub hat vorgestern im Flur angefangen,
Zum Glück hab' ich auf mein ausdrückliches Verlangen
Die Diele nur für zwei Tage gebucht,
Ich habe dort akribisch den zweiten Pantoffel gesucht,
Den ich am dritten Tag im Wohnzimmer fand,
Vereinsamt unterm Sofa und sehr angespannt.
Er hörte „Ne me quitte pas" von Jacques Brel,
Musikalisch inspiriert von Maurice Ravel.
Ich verstehe, dass dem Filz-Single der Verlust sehr nahe geht,
Und ahnte nicht, dass er die französische Sprache versteht.
Vielleicht hat er an der Sorbonne Romanistik studiert
Und über den Existenzialismus von Sartre promoviert,
Der sich aus politischen Gründen mit Camus entzweite.
Im Regal sehe ich die beiden Seite an Seite.
Überhaupt scheinen Bücher auffallend tolerant.
Heinz Erhardt steht auf Augenhöhe mit Immanuel Kant.
Bert Brecht stutzt über den Reiseführer der Uckermark.
Ich stelle den Meister neben „Honeckers Sarg".
Den DDR-Thriller hat allerdings noch niemand geschrieben,
Ebenso wie den Bestseller „Walter Ulbricht, ein Mann zum
Verlieben",
Den Frauenroman für die Leserin nach dem Mauerfall.
Literarisch betrachtet ein belletristischer Überschall.

Kriminal-Museum in Hillesheim, Eifel

Oh je, wer hat bloß Alice Schwarzer neben Casanova gestellt?
Dessen betörendem Charme sie niemals verfällt.
Ich befürchte einen Eklat in den kommenden Wochen
Und verpflanze den Charmeur neben „Kalorienarm Kochen".
Zu seiner Linken stehen gut gerüstet „Picassos Frauen",
Die werden sich mit keinem Mann mehr das Leben versauen.
Bei Verlangen nach einer Prise Psychostress
Empfehle ich den Damen „Mord im Orient-Express",
Abgerundet mit einer „Leiche zum Dessert".
Miss Marple lädt zum Tee mit mörderischem Flair.

Mascha Kaléko hockt auf Lücke neben Joachim Ringelnatz,
Sie lassen dem ADAC-Campingführer den Zwischenplatz.
Die anmutige Madame Bovary von Gustave Flaubert
Verkuppel ich noch mit Charles Baudelaire,
Nichtsahnend, dass die Melancholie der „Blumen des Bösen"
Bei ihr leicht depressive Verstimmungen auslösen.
Neben Marcel Proust war sie völlig falsch platziert,
Verlorene Zeit, da dieser doch nur Männer verführt.

Apropos Zeit: für eine herzhafte Happy Hour
Draußen verlustiert sich ein Regenschauer.

Im Fernsehprogramm habe ich nichts Attraktives gefunden:
Christian Lindner, der Mann für gewisse Talk-Show-Runden.
Dann doch lieber der geriatrische Psychothriller:
„Mein Opa war ein Serienkiller."
Serien würde ich auch gern killen,
Seit 18 Jahren läuft „Um Himmels Willen",
„Bauer sucht Frau" schon seit 15 Jahren,
40 Jahre ist „Das Traumschiff" über den Bildschirm gefahren
Und trotz exaltierter Eifersuchtsdramen nicht untergegangen.
Vor 14 Jahren hat „Rote Rosen" zu blühen angefangen,
„Sturm der Liebe" ist kurz vorher entflammt,
„Der Bergdoktor" ist seit 12 Jahren im Amt.
Romantische Liebe mit Happy End
liegt bei Pilcher schon 30 Jahre im Trend.
Mehr als 7000 Mal „Gute Zeiten, schlechte Zeiten",
16 Jahre die „Shopping Queen" durch die Boutiquen begleiten,
„In aller Freundschaft" operiert man seit 18 Jahren,
Seit 14 wird in „Grey's Anatomy" das Leid in den OP gefahren.

Die Killer-Karriere ist nicht meine erste Wahl,
Diese Fortsetzungsschnulzen sind mir komplett egal.
Ich öffne das Fenster und ein Fläschchen Wein
Und lass' die Abendstille in den Raum hinein.
Nach einem pikanten Dosen-Dinner-for-One
Schaue ich mir dann doch noch die Talk-Runde an.

Corona Talk

Sehr geehrtes Fernsehpublikum,
Die Lage ist ernst, doch wir sind gescheiter.
Nicken Sie einfach nur stumm,
Wir reden eh immer weiter.
Die Covid 19 Erreger und Erregerinnen
Waren noch nie und das sind sie auch heute
Und wir sind uns sicher, bald oder binnen
Gewisser Zeit, wenn ich das richtig deute,
Werden wir wieder normale Normalität erleben.
Nie wurde so viel gedacht, gemeint und geglaubt,
Gefürchtet, ermahnt und das ist unser Bestreben.
Wer keine Ahnung hat, dem sei sein Urteil erlaubt.
Wir sind sehr gern und völlig im Bilde
Und verfolgen die steigenden Einschaltquoten.
In den USA ist der Krankheitsverlauf ab sofort milde,
Der Präsident hat das Sterben gesetzlich verboten.
Allerdings verpflichtet er die Satans-Chinesen,
Und dabei berufe er sich auf verlässliche Daten,
An dieser Krankheit nicht zu genesen.
Die Verfügung gelte auch für Demokraten.
Wir alle sind Kanzler und wir alle sind Virologen,
Wir kennen das Virus und wissen nicht, wovon wir reden.
Die Wahrheit ist natürlich auch schon mal gelogen.
Das kommt vor und trifft beinah jeden.
Und natürlich wird auf den Posten spekuliert.
Ich denke, nicht nur einer weiß es besser,
Der sich brüstet und lobt, bis keiner applaudiert.
Bekämpfen wir gemeinsam das Virus bis aufs Messer!
Dem Covidchen werden wir es schon zeigen!
In diesem Sinne vielen Dank für Ihr Schweigen.

4. Tag

Zum Frühstück gibt's Haferflocken mit Amarant,
Der Pantoffel befindet sich noch im Dämmerzustand.
Ich lasse mich gesättigt in den Sessel fallen,
Da höre ich im Schrank ein Scheppern und Knallen.
Das kommt eindeutig aus der oberen Besteckschublade
Und mündet in eine messerscharfe Hasstirade.
Die Kuchengabeln werden als spitzzüngig diffamiert
Und haben sofort ihren Dienst quittiert.
„Nicht mit uns!" kontern die Kaffeelöffel aus Frust
Und wittern bereits ihren Identitätsverlust.
Damit man sie nicht zum Kuchenessen missbraucht,
Sind sie vorübergehend untergetaucht.
Kuchen und Nachtisch fallen also jetzt weg,
Hoffentlich erfüllen Messer und Gabel noch ihren Zweck.
Noch ist bei denen keine Zwietracht zu erkennen,
Ich werde sie vorsichtshalber von den Suppenlöffeln trennen.
Hätte ich diese Unstimmigkeiten im Voraus geahnt,
Hätte ich für das Wohnzimmer weniger Zeit eingeplant.
Ich habe dort eine Woche *all inclusive* reserviert
Und zum Glück die Terrassenbenutzung noch nicht storniert.
Dahin fliehe ich gegebenenfalls an Sonnentagen,
Kaffee- und Essgeschirr scheinen sich gut zu vertragen,
Jedenfalls stehen sie stillschweigend nebeneinander,
Der verlassene Hausschuh hört jetzt Zarah Leander:
„Nur nicht aus Liebe weinen,
Es gibt auf dieser Welt nicht nur den einen."
Das Klavier spielt leise die Begleitmelodie,
Was dem Ganzen eine therapeutische Wirkung verlieh.

Der Pantoffel hört spontan auf zu klagen
Und beschließt, nie mehr als Held zu versagen.
Ich selbst bin beinah zu Tränen gerührt
Und hab mit den Familienfotos ein nettes Gespräch geführt.
Was hab ich da nicht alles von Opa erfahren,
Er verrauchte sich selbst in den 50er Jahren.
Mein Vater schlägt vor „Spiel mal was von Glenn Miller",
Meine Mutter vermisst im Regal ihren Goethe und Schiller.
Ich möchte wissen, ob wir uns im Jenseits mal wiedersehen,
Aber sie scheinen meine Frage akustisch nicht zu verstehen.
Opa will mit mir noch ein Zigarettchen rauchen,
Aber seine letzten Stängel sind nicht mehr zu gebrauchen.
Ich sage ihm, dass ich ohnehin
Schon Zeit meines Lebens Nichtraucherin bin.
Meine Oma schwärmt von ihrem hellblauen Kleid,
Das erste Selbstgenähte in der Nachkriegs-Zeit,
Von den 10 Pfennig teuren Wundertüten
und dem Feld, wo damals die Kornblumen blühten.

Ich genehmige mir jetzt einen knackigen Rohkost-Snack
und erledige gestärkt meinen E-Mail-Check.

Kaum in Torte zu fassen

Liebste Rosine,
mein Pott, wir haben uns aber lange nicht gesalzen! So viele
Brocken Lockdown. Aber das ist zum Stück jetzt Brei. Ich war
komplett im Wok, meine beiden Törtchen Marie und Emma hatten
eine nach der anderen die Grütze mit hohem Flieder. Mein
Mangold hatte sich einen Magenbitter eingefangen und ich habe
mich natürlich eingeweckt. Vielleicht Corona, wir wurden nicht
gemästet. Wir wollten ja eigentlich nach Schlankreich, ging
figürlich nicht, auch wegen der Corona-Fraßnahmen. Echt
Marmelade! Aber die haben ja in Schlankreich so viele Forellen,
das wäre viel zu krokant. Wie brät es euch? Ihr wolltet doch auch
jetzt verspeisen? Nach Fressalien, oder? Wir könnten demnächst
mal ein Gläschen Speck schinken, bei uns auf der Tasse mit zwei
Meter Tellerrand?
liebe Gnocchi deine Brigitte

Liebe Fritte,
danke für deine Zuckergüsse. Schön, von dir zu Möhren. Um
Himmels Wirsing. Das ist ja abgekocht. Grütze und Magenbitter.
Und du hast dich eingeweckt, das ist ja noch Döner. Wir sind zum
Stück gesund, haben uns nicht mariniert. Aber ich bin total im
Essig. Mir fällt bald die Schnecke auf den Topf. Mein Mangold
hat seinen Job vergoren. Ja leider, die Firma ist Kneipe, keine
Saufverträge mehr, absolut Couscous. Er ist jetzt immer zur Jause.
Der Arme ist total entkoffeiniert, kaum in Torte zu fassen, liegt
den ganzen Tag auf dem Soda, surft im Rinderfett und kleckert
über alles. Ja wir wollten eigentlich nach Fressalien, Insel Melba.
Die haben in Fressalien ja noch mehr Forellen als in Schlankreich.
Bergamo, was für eine Sauce. Ihr habt es doch auch schön zur
Jause, könnt im Braten schwitzen. Da kann man sich doch Kohl

fühlen.

Bei euch auf der Tasse ein Gläschen Speck schinken? Oh ja,
Sonnenblumenkerne.

Mittwoch um Bier? Gegen Ei geht auch.

Liebe Süße deine Sabine

5. Tag

Heute Schlemmerfrühstück mit Kir Royal
Und schon wandert mein Blick wieder zum Bücherregal.
Italien ist erstaunlich gendergetreu aufgestellt,
Da es ebenso viele Romane wie Romaninnen enthält.
Fast schon eine Einladung zu äußerst prekären
Nie dagewesenen spannungsreichen Liebesaffären.
Italo Calvino flirtet frivol mit Elena Ferrante,
Cesare Pavese platonisch mit Elsa Morante,
Andrea de Carlo schäkert mit Dacia Maraini,
Natalia Ghinsburg mit Dario Fo und Pasolini.
Stefano Benni genießt das prickelnde Ambiente
Und rezitiert unentwegt literarische Komplimente.
Casanova, der noch zwischen den Diät-Rezepten klemmt,
Protestiert plötzlich ganz vehement.
Er beobachte voller Entsetzen diverse Varianten
Spröder Annäherungsversuche aufdringlicher Dilettanten.
Er habe kein Interesse an fettreduzierten Genüssen,
Was die Leser seiner Memoiren doch wissen müssen.
Ihm selbst fehle es an aphrodisierender Konversation
Mit liebreizenden Damen unter äußerster Diskretion.

Fontane-Denkmal, Neuruppin

Um die Italiener mach ich mir weiter keine Gedanken.
Ich fürchte nur, Brecht könnte sich mit Dante zanken.
Kam er nicht im Todesjahr Fontanes zur Welt?
Zur posthumen Begegnung habe ich ihn neben Dante gestellt.

Aus aktuellem Anlass gebe ich Champagner aus
Und bitte sehr freundlich um stürmischen Applaus:
Pippi Langstrumpf wird 75 Jahre alt,
Der Solo-Hausschuh hat sich in ihren Ringelsocken verknallt.
Vorbei der Pantoffel fixierte Trennungsschmerz,
Mir wird plötzlich ganz wohlig ums Herz.
Ich hätte nie im Leben gedacht,
Dass mir der Wohnzimmer-Urlaub so viel Laune macht.

Drum freue ich mich riesig auf den nächsten schon:
Zwei Wochen Küche mit Halbpension!

Alpha*bet*-Männchen

Karl K. ist ein ambitionierter Weltenbummler. Er durchforstet akribisch Kontinente, Länder und Städte, erkundet Museen, Kirchen, Burgen, Schlösser und Denkmäler. Er lässt keine Sehenswürdigkeit aus, informiert sich über Gastronomie- und Beherbergungsangebote und ist mit den Besonderheiten vor Ort vermutlich besser vertraut als die einheimische Bevölkerung. Man könnte ihn nach Urlaubsende sofort überall als Reiseleiter einsetzen. Stets äußerst korrekt gekleidet würde er nicht nur bei Museumsbesuchern einen bleibenden Eindruck hinterlassen. Hellgrauer Anzug, weißes Oberhemd, blaue oder anthrazitfarbene Krawatte, dunkelblaue Socken, graue Schuhe. Diese Kombination hat er mehrfach im Kleiderschrank. In den eigenen vier Wänden legt er die Krawatte ab, tauscht das weiße Oberhemd in ein lindgrünes oder hellblaues. Aber sobald er die Wohnung verlässt, hält er diese Freizeitgarderobe nicht mehr für angemessen.

Lange Zeit war Karl mit seinem Vornamen unzufrieden. Er wollte lieber Alfred, Anton oder Albrecht heißen. Sind Menschen, deren Vornamen mit A beginnen nicht dafür prädestiniert, Großes zu schaffen? Zum Beispiel Abraham Lincoln, Albert Einstein, Alfred Nobel, Amadeus Mozart? Und schließlich haben Alpha-Männchen auch mehr Erfolg als Beta-Männchen.

„Und was ist mit Adolf Hitler?" Annes Einwand traf ihn wie der Blitz.
„Und mit Karl dem Großen?" ergänzte Anne triumphierend.
Von diesem Augenblick an hat Karl nie wieder über einen anderen Vornamen nachgedacht.

Kurpark, Hamm

Mit seinen 68 Jahren hat er fast die ganze Welt bereist.

Bei der Urlaubsplanung ist er genau so gründlich, wie er es während seiner beruflichen Karriere in der Bußgeldstelle seiner Heimatstadt Hamm stets gewesen ist. Er liebte diese Arbeitsstelle, wo seine charakterlichen Stärken wie Sorgfalt, Zuverlässigkeit, Ordnungssinn und die Vorliebe für eine konzentrierte platzgebundene Tätigkeit ebenso gefragt waren wie Aktenordner, Büroklammern, Klarsichthüllen und Locher.

Die Straßenverkehrsordnung kannte er in- und auswendig; sie war ihm genauso ans Herz gewachsen wie der Blumenelefant am Eingang des Kurparks, an dem er jeden Tag auf dem Weg zur Arbeit vorbeikam. Ein Auto besitzt und besaß er noch nie. Er macht alles zu Fuß, bei Regenwetter nimmt er den Schirm, selten den Bus.

Als passionierter Fußgänger und gebürtiger Hammer kennt er jeden Winkel und natürlich jeden der farbenprächtigen Elefanten, die im gesamten Stadtgebiet Straßen, Plätze und Grünflächen beleben. Und er ist mächtig stolz auf dieses Wahrzeichen seiner Heimatstadt, das für Kraft, Standfestigkeit und Klugheit steht.

Schwerwiegende Verstöße gegen die Straßenverkehrsordnung haben Karl als Berufsanfänger jedes Mal in Rage versetzt, aber mit der Zeit hat er eine erfolgreiche Deeskalationsstrategie gefunden: das Lochen. Und das mit voller Kraft, gern auch Schriftstücke für den Papierkorb.

Was er als Beamter im mittleren Verwaltungsdienst zeitlebens besonders schätzte, war das alphabetische Abheften von Dokumenten nach der deutschen Norm-DIN 5007-1. Diese beschreibt unter dem Titel "Ordnen von Schriftzeichen" das Sortieren, welches den bibliographischen Ordnungsregeln (ABC-Regeln) folgt.

So erklärt Herr K. es in regelmäßigen Abständen Leon, dem Enkel seiner Schwester Constanze, der vor kurzem in die erste Klasse gekommen ist und bisher die Buchstaben A bis F kennt.

„ Es kann nicht schaden, das Ordnungsprinzip des Alphabets so früh wie möglich zu verstehen, mein Junge." Aber auch dieser Hinweis weckte bei Leon bisher nicht die geringste Begeisterung für das ABC, das für Karl unabdingbar zum Weltkulturerbe gehört. Daher ist er auch bei der Planung und Durchführung seiner Reisen grundsätzlich in alphabetischer Reihenfolge vorgegangen: Afrika, Amerika, Asien, Australien, Europa.

Nord- und Südamerika hat er nach einem langen inneren Monolog unter A wie Amerika zusammengefasst, aus Angst, er könnte das S und damit Südamerika vor seinem Ableben nicht mehr schaffen. Und Südamerika lag ihm schließlich mehr am Herzen als Europa. Die Antarktis hielt er nicht für lohnenswert, dennoch hat er eine leere Mappe mit der Aufschrift Antarktis zwischen Afrika und Amerika ins Regal gestellt. Ordnung muss sein!

Obwohl ihn von klein auf Amerika mit seinen Cowboys und Indianern immer am meisten interessiert hatte und er diesen Erdteil am liebsten zuerst erkundet hätte, musste er zuvor die 54 Staaten Afrikas kennen lernen. Nach der DIN Norm 5007-1 kommt Af nun mal vor Am, Kindheitstraum hin oder her.

Er führt stets ein Reise-Tagebuch, dokumentiert alle neuen Eindrücke und Erkenntnisse auf losen Blättern, die er wiederum nach Ländern geordnet in alphabetischer Reihenfolge abgeheftet ins Regal stellt. Auch innerhalb der Länder weicht er niemals von dieser Ordnung ab.
Auf keinen Fall hätte er beispielsweise München vor Hamburg bereist. Und selbstverständlich erforschte Herr K. trotz der ersten Herbststürme, ohne mit der Wimper zu zucken, Irland und Island, nachdem ihn zuvor die griechische Sonne verwöhnt hatte. Auf keinen Fall einen Sprung im Alphabet machen. Das ist für ihn gleichbedeutend mit einem Sprung aus dem Flugzeug ohne Fallschirm. Es würde niemals gut gehen.

Mit seinen 68 Jahren hat er es in Europa bis Russland geschafft, sein nächstes Ziel ist Schweden. Er möchte in den ihm verbleibenden Jahren noch das europäische Länderalphabet und damit seine Weltreise von A bis Z abschließen .
Wie furchtbar wäre ein Abschied von dieser Erde, ohne sie je vollständig kennen gelernt zu haben.
Das könnte klappen, denn seine Art zu reisen ist völlig entspannt. Die Erholung, die andere im Urlaub suchen, ist bei ihm grundsätzlich *inclusive*. 36 Stunden im Flieger, um nach Neuseeland zu reisen? Niemals!

Karl hat einen zehn Jahre jüngeren Cousin, Alfred, der ihn einmal monatlich besucht und dem er gerne detaillierte Reisetipps gibt, auch dann, wenn dieser seinen Jahresurlaub bereits hinter sich hat. Heute ist es allerdings Alfred, der ihn um touristische Unterstützung bittet.

„Karl, Maria wünscht sich, dass wir zu unserer Silberhochzeit in die Karibik fliegen. Kennst du die Insel Bomaire oder so ähnlich? Eine ihrer Arbeitskolleginnen war mal dort und hat ihr diese Insel empfohlen. Ich habe noch nie etwas davon gehört."

„Bonaire mit n", korrigiert Karl, „gehört zu den ABC-Inseln Aruba, Bonaire, Curaçao. Die Worte gehen ihm mit Leichtigkeit von den Lippen. Diese Inselgruppe ist lexikographisch betrachtet ein Traum-Reiseziel.

Er wiederholt die drei Inselnamen und betont dabei jeweils außergewöhnlich laut den Anfangsbuchstaben, als wolle er ihn meistbietend versteigern.

„E N B" fährt er unbeirrt fort.

„E N B? Was soll das heißen?" Alfred sieht den Cousin fragend an.

Karl geht zum Regal mit den Aktenordnern. „E wie Europa, N wie Niederlande und B wie Bonaire."

Alfred schüttelt vehement den Kopf. „Nein, nicht Europa, wir wollen in die Karibik."

„Bonaire gehört zu den Niederlanden, daher ist die Amtssprache Niederländisch und Papaimentu. Geografisch gesehen ist die Insel Teil der Kleinen Antillen. Die Hauptstadt ist Kalendijke. Wollt ihr denn nur nach Bonaire? Es lohnt sich, auch Aruba und Curaçao zu erkunden. Ich halte es für ausgesprochen unangemessen, die ABC-Inseln nur auf den Buchstaben B zu reduzieren. Ich werde dir meine gesamten Notizen für alle drei karibischen Inseln zur Verfügung stellen, dann habt ihr beide einen guten Überblick zur Vorbereitung eurer Reise. Wann wollt ihr denn dorthin?"

Unser Hochzeitstag ist der 28. März." Alfred ahnt schon, was jetzt kommt.

„Da würde ich auf jeden Fall bis April warten und dann mit Aruba starten." Auch hier liegt seine Betonung bei April und Aruba wieder auf dem Anfangsbuchstaben A.

„Vielen Dank, Karl. Ich werde es mit Maria besprechen."

Alfred lässt die gelochten ABC-Insel-Blätter, die ein gelber Heftstreifen zusammenhält, blitzschnell in seiner Tasche verschwinden.

„ Ich muss los, tut mir leid, Karl", sagt er zögerlich.

Er will den Cousin nicht vor den Kopf stoßen, aber diese übereifrigen Reisetipps sind ihm jetzt zu viel. Bis April warten, wenn der Silberhochzeitstag Ende März ist? Nur um das Alphabet nicht zu brüskieren, wie Karl es sonst formuliert.

Übergriffig, würde Maria sagen, die Karl nicht besonders leiden kann. „Und dabei war dieser Globetrottel selber noch niemals dort," entrüstet sie sich, als ihr Mann mit einem dicken Stapel Papier voller handgeschriebener Notizen über die ABC-Inseln nach Hause kommt.

In der Tat ist Karl noch nie auf diesen Inseln gewesen, er war überhaupt noch nie so richtig im Urlaub, denn er verlässt niemals seine Wohnung, wenn er auf Reisen geht.

Er bummelt um die Welt, aber nur auf dem Papier. Er kennt alle Reiseziele einzig und allein aus Reiseführern, Reiseberichten, Reiseprospekten, die er noch lieber verschlingt als seine heiß geliebte Mortadella, die er täglich zum Frühstück und Abendbrot genießt. Und alles, was er liest, schreibt er in sein Loseblatt-Tagebuch. Seine Aufzeichnungen sind stets so formuliert, als wäre er selbst vor Ort gewesen. Er schafft es, an einem Tag weitaus mehr zu besichtigen als manch ein Tourist in einer Woche.

Er hat quasi ständig Urlaub. Schon zu Zeiten seiner Berufstätigkeit hat er sich als Alleinstehender mit diesen Reisen die einsamen

Abende und ereignislosen Wochenenden freudvoll gestaltet. Immer dann, wenn nicht gerade seine heißgeliebte Arzt-Serie „Dr. Schön, Chirurg mit Charme" lief. Die hat grundsätzlich Vorrang. Er zieht dann auch heute noch den weißen Kittel an, schaltet den Fernseher ein und fühlt sich wie einer von ihnen. Denn nichts wäre er lieber geworden als Arzt, genauer gesagt: Chirurg.

Abends trinkt er regelmäßig eine Tasse Tee. Natürlich in alphabetischer Reihenfolge, so wie die Teedosen von Apfel- bis Zimttee auf dem obersten Brett des Küchenregals angeordnet sind. Wenn er auswärts Tee trinkt, hat er immer den passenden Teebeutel in seiner rechten Anzugtasche. Herr K. ist Rechtshänder, versteht sich.

Dann bestellt er nur heißes Wasser, denn es ist ihm einmal passiert, dass das Lokal keinen Pfefferminztee hatte und er auf Earl Grey ausweichen musste, obwohl er am Vortag Ostfriesentee getrunken hatte. Das würde ihm nun unter keinen Umständen mehr passieren.

Heute ist wieder Dr. Schön-Abend. Er rührt den Zucker um, zwei Teelöffel wie immer, und freut sich auf seinen Ingwertee, Hagebutten war gestern dran.

Aber das kann doch nicht sein, Ingwer ist doch viel heller? Er schaut auf den Teebeutel. Pfefferminz! Das ist Pfefferminztee.

Er springt auf, rennt mit der Teetasse zum Ausguss und schüttet den ganzen Inhalt weg.

Das ist doch nicht zu fassen! Hat dieses Schaf schon wieder die Teedosen vertauscht. Das ist jetzt schon das dritte Mal innerhalb eines Jahres, dass sie die Dosen nach dem Saubermachen des Regals nicht wieder in alphabetischer Reihenfolge zurückgestellt hat. Er rennt zum Telefon.

„Frau Hermann, jetzt reicht's. Wie oft habe ich Ihnen schon gesagt, dass Sie die Reihenfolge der Teedosen nicht verändern dürfen. Das kann doch wohl nicht so schwer sein...... Wie bitte? Sie finden das übertrieben? Habe ich Sie überhaupt nach Ihrer Meinung gefragt? Suchen Sie sich ab morgen einen anderen Haushalt, in dem Sie ein solches Chaos hinterlassen können. Bei mir nicht mehr. Auf Wiedersehen, pardon, auf Nimmerwiedersehen, Frau Hermann." Er rennt ins Bad, um sich das Gesicht zu kühlen. Für heißen Tee ist es nun zu spät. Mineralwasser, nur noch kaltes Mineralwasser. Der Ingwertee muss bis morgen warten.

Mit einem Waschlappen auf der Stirn kehrt er ins Wohnzimmer zurück. Jetzt hat er vor lauter Aufregung die Knie-OP verpasst. Und das alles nur ihretwegen.

Tatsächlich außer Haus gereist ist Karl ein einziges Mal in seinem Leben, als er noch jung war und seine erste und einzige Beziehung hatte, mit Anne. Sie hatte langes schwarzes Haar und einen so liebevollen Blick, dass Karl sie von Anfang an sehr mochte. Aber was noch wichtiger war: ihr Vorname begann mit A. Was für ein Glückstreffer! Sollte diese Beziehung irgendwann scheitern, würde er mit Bärbel, Bettina oder Britta weitermachen.

Und dann kam diese Reise, diese Traumreise nach Ägypten, die zum Albtraum wurde.

Mit Ägypten war Anne einverstanden gewesen, und es war nun mal die Nummer eins im Afrika-ABC. Trotzdem hatte Anne ihn schon am dritten Urlaubstag verlassen und einen Last Minute Flug zurück nach Deutschland genommen.

Karl hat seitdem das Thema B wie Beziehungen unkatalogisiert abgehakt. Und das Thema Frauen besteht nur aus einem Kapitel mit dem Anfangsbuchstaben des Alphabets. Eine Bärbel, Bettina oder Britta begegnete ihm nicht. Und einfach mit Charlotte weiter machen? Undenkbar! Aber auch die hat er nie kennen gelernt.

Stattdessen hat er das Thema Reisen um so intensiver bearbeitet und für sich revolutioniert. Das bedeutet, um zu reisen, verlässt er niemals mehr das Haus. Denn er ist ein Gewohnheitsmensch, durch und durch.

Von der Abendsonne, die im Süden viel zu früh untergeht, nämlich viel früher als zu Hause, dem Bett, das sowieso nirgendwo so bequem ist wie sein eigenes, den fremden Cafés, wo der Kaffee nicht annähernd so gut schmeckt wie der in seinem Stammcafé am Kurpark, bis zu Z wie Zeitung, die nirgendwo so perfekt in seiner Muttersprache geschrieben wird wie in seiner Heimat.

Er hatte im Nu das ganze Alphabet durchdekliniert, denn in Ägypten war alles anders, ungewohnt. Dafür hatte Anne überhaupt kein Verständnis gezeigt und ihn einfach sitzen lassen.

Gewohnheit bedeutet Sicherheit, so lautet das Motto, mit dem er sein ganzes Leben gut gefahren, besser gesagt gut daheim geblieben ist.

Karl erreicht sein Ziel nicht, denn er kommt kurz vor S wie Schweden im Alter von 68 auf tragische Weise ums Leben.

Eine Woche nach dem Eklat mit Frau Hermann hatte er die Küchenhilfe wieder eingestellt. Eine andere hatte er so schnell nicht gefunden und schließlich war sie ja eine saubere, adrette Person, die eben so sauber und adrett die Hausarbeit verrichtete. Und sie redete nicht viel. Das war viel wert. Karl hatte sie angerufen und sich entschuldigt.

Aber die Wiedereinstellung war ein Fehler gewesen.

Zwei Wochen nach seinem 68. Geburtstag ereignet sich die lexikographische Katastrophe mit tödlichem Ausgang.

Karl deckt den Abendbrottisch und freut sich auf die anstehende TV-Herzklappen-OP. Er sitzt wie immer in seinem weißen Kittel vor dem Fernseher und greift zur Teetasse. Und dann geht alles sehr schnell: falscher Tee, Herzrasen, Schweißtropfen auf der Stirn. Unkontrolliert schlingt er drei Scheiben Mortadella auf einmal runter, verschluckt sich, ringt nach Luft und bricht bewusstlos zusammen.

Noch am selben Abend versucht Constanze den Bruder telefonisch zu erreichen. Er hebt nicht ab. Sie findet ihn in seiner Wohnung auf dem Teppich liegend und alarmiert sofort den Notarzt. Zu spät.

„Herz-Kreislauf-Stillstand, verursacht durch einen im Rachen feststeckenden Fremdkörper, der auf das Kehlkopf-Nervengeflecht drückt. Ihr Bruder hat vermutlich zu hastig gegessen und sich massiv verschluckt. Ein tragischer Unfall. Mein Beileid."

Ausgesprochen tragisch, denn zwei Wochen später wird wegen eines gefährlichen Virus namens Corona das Reisen untersagt. Da hätte er doch endlich mal punkten können, denn was schert einen Marco Polo der Home Holidays ein gefährliches Virus. Karl wäre der Mega-Influencer geworden, Millionen Follower hätten täglich seinen Reise-Blog buchstäblich inhaliert.

Falsch, denn Karl K. hat Zeit seines Lebens keinen Internet-Anschluss besessen.

„Oh je, wenn Karl wüsste, dass er neben Peter S. liegt." Cousin Alfred hockt neben Constanze auf dem mitgebrachten Klappstuhl an Karls Grab. Sie hat soeben den Baedeker Schweden Seite 65 zugeschlagen.

„Ach du lieber Himmel, das ist mir bei der Beerdigung gar nicht aufgefallen. Man sollte die Gräber alphabetisch anordnen. Ich fahre übrigens nächste Woche zu meiner Freundin Sabine nach München, Alfred. Dann müsstest du mit der Schweiz allein weiter machen."

„Kein Problem. Wird gemacht. Ich denke, bis die ersten Herbststürme kommen, könnten wir es bis Tschechien schaffen."

„Auf jeden Fall, wenn das Wetter mitspielt. Und dann starten wir im Frühling mit der Türkei."

„Heute sind wir mit unserer Grab-Lesereise doch ein ganz schönes Stück vorangekommen."

„War wirklich eine geniale Idee von dir, Constanze. Wenn Karl das wüsste!"

„Klar weiß er das. Darum sitzen wir doch hier, damit er die verdammten restlichen Länder auch noch abhaken kann. Er hört uns, da bin ich mir ganz sicher."

Als Alfred und Constanze mit ihrem Klappstuhl unterm Arm zum Parkplatz laufen, fallen schon die ersten Regentropfen.

„A wie amüsier dich gut in München", ruft Alfred, bevor er in sein Auto steigt.

„B wie bestimmt!" Constanze öffnet ihre Wagentür.

„Karl hat uns mit diesem verrückten ABC-Virus echt infiziert", ruft sie Alfred hinterher.

Aber dieser hört sie nicht mehr, er hat schon das Radio eingeschaltet, um sich über das aktuelle Corona-Infektionsgeschehen zu informieren.

Römische Fallstudie

Ein Coronafall ohne Symptom,
Der macht eine Reise nach Rom,
Infiziert mehr als zehn
Davon aus Versehen
Zwei Schweizer vorm Petersdom.

Der COVID-Fall ohne Symptom,
Der hätte im Bergischen Rom
Viel weniger angesteckt.
Dort leben laut Reiseprospekt
Acht Einwohner ganz ohne Dom.

Benvenuti a Roma

Alle Wege führen bekanntlich nach Rom, aber in welches Rom? Denn wer hätte das gedacht: es gibt auch ein Rom im Bergischen Land. Der Ort in der Gemeinde Morsbach im Oberbergischen Kreis hat laut Wikipedia acht Einwohner, mittlerweile sind es einige mehr. Dazu kommen noch einige Römer, die dort ein Wochenendhäuschen haben.

Ihr ortseigener „Petersdom" ist eine hübsche Kapelle neben dem „Trevibrunnen". Der heißt wirklich so, er ist nur etwas kleiner als das Original und handbetrieben. Na ja, ab und zu.

Einen Papst hatte man dort auch, den so genannten „Schweinepapst", denn zunächst bestand der Ort nur aus einem Schweinezuchtbetrieb, der von ihm päpstlich geführt wurde. Ob er auch ein Schweinepriester war, konnte mir vor Ort niemand sagen.

Was das bergische Rom der Ewigen Stadt voraus hatte, ist ein Skilift, der im Winter vom Gastwirt des Ausflugslokals betrieben wurde. Leider ist der Gastwirt verstorben, und den Winter, den gibt es wohl auch nicht mehr.

Und warum heißt das Dorf Rom? Ganz einfach: weil es am Römerbach liegt.

Wer also in Corona-Zeiten auf eine Reise nach Rom nicht verzichten möchte, dem sei ein Ausflug ins Oberbergische wärmstens empfohlen.

Man ist nicht lange unterwegs, und danach geht's nach Texas, Ägypten oder Petersburg. Kleine Orte mit großen Namen, und alle liegen in Nordrhein-Westfalen.

In diesem Sinne buon viaggio

V Reisebegleiter - ambulant und stationär

Es gibt kein sichereres Mittel festzustellen, ob man einen Menschen mag oder hasst, als mit ihm auf Reisen zu gehen.

Mark Twain

Rotkäppchens Rache

Rolf R., renommierter Radiologe, Ruhestands-Residenz Rosenhof, Rüdesheim, reist regelmäßig Rhein rauf, Rhein runter.
Rolf reizen romantische Reisen:
Rügen: Rotwein - Rumba - Rote Rosen
Romeos Ravenna
Romantiktour Rüdesheim - Remagen
Rosenmontag Rentner-Rabatt, Reisebegleiter/in ratsam

Rolf recherchiert Rubrik „Romantisches Rendezvous":
Ronja, russisches rothaariges Rasseweib, resolut, risikofreudig, reaktiviert rostende Rentner.

Rolf respondiert:
Reizendes russisches Rotkäppchen,
rüstiger Rentner, routinierter Rumbatänzer, romantischer
Rosenkavalier, redegewandter Romeo reserviert Rosenmontag,
Rüdesheimer Rheinhafen, Rheinschiff Rosalia, Restaurant-
terrasse, Romantisches Rendezvous, rote Rose rechts.

Ronja reagiert rasant:
Romantischer Romeo, Riesenvolltreffer!

Rosenmontag rast Rolf R. Richtung Rheinhafen. Radarfalle rechts! Rolf rührt ruhelos restlichen Rooibostee.
Ronja rauscht rein, registriert Rolfs rote Rose rechts. Rolf registriert Ronjas reizvolle Rundungen.
Rolf: *Rolf Rehlein.*
Ronja: *Ronja Romanow.*
Rolf: *Roiboostee?*
Ronja: *Radler. Rentner?*

Rolf: *Richtig, Ruhestands-Radiologe, reise regelmäßig.*
Ronja: *Rattenscharf! Russland? Rumänien?*
Rolf: *Risikogebiete, Robert-Koch-Institut revidiert Reproduktionszahlen.*
Ronja: *Rom, Riviera?*
Rolf: *Reisewarnungen! Reise regelmäßig Rhein rauf, Rhein runter.*
Ronja: *Rattenscharf!*
Rolf: *Rumbatänzchen?*
Ronja: *Romantisch!*
Rolf: *Rüdesheimer Rotkäppchensekt?*
Ronja: *Romantisch!*
Rolf registriert Ronjas reduziertes Rede-Repertoire.
Rolf rezitiert Rilke.
Ronja rätselt: *Reitlehrer Romeo. Richtig?*
Rolf reagiert ratlos: *Reitlehrer Romeo?*
Ronja: *RTL-Reality-Romanze.*
Rolf: *Rilke.*
Ronja: *Rilke? Rheinischer Rapper?*
Rolf: *Romancier.*
Ronja: *Rattenscharf!*
Rolf reagiert rabiat: *Rattenschaft! Reduziertes RTL-Reeperbahn-Repertoire.*
Ronja: *Reeperbahn-Repertoire?*
Rolf: *Richtig. Repertoire russischer Rotlichtmilieu-Rentnerinnen!*
Ronja: *Respektloses rassistisches Riesenarschloch!*

Ronja rebelliert, randaliert, reussiert. Rolf rutscht rückwärts Reling runter. Rolfs Rumpf rast reglos rheinabwärts. Romantik-Reise restlos ruiniert.

Châteauneuf, Bourgogne

Liebe mit orthographischen Konsequenzen

Ich bin dann mal weg,
Sagt das S zögerlich leise
Und begibt sich mit leichtem Gepäck
Und Wanderstab auf Pilgerreise.

Es ist das zweite S vom 'dass',
Gebraucht als Konjunktion,
Die Germanisten werden blass
Und starten eine Rückrufaktion.

Das S kehrt niemals in die Heimat zurück,
Die Gelehrten sind buchstäblich perplex.
Es begegnet in Beaune seinem großen Glück:
Einem ledigen Accent Circonflexe.

Die Experten gehen mit dem Ergebnis konform
Und begraben das S in einer Rechtschreibreform.
Elf Trauergäste wie bei der Beisetzung des 'als'.
Der Kopf ist nicht mehr größer *wie* der Hals.

P.S.: Das S konnte bedenkenlos reisen,
Denn aus epidemiologischer Sicht,
Und das gilt auch für Bleistifte und Bügeleisen,
Infizieren Buchstaben und Akzente sich nicht.

Ticket for Two

Willst du mit mir gemeinsam reisen?
Träumen, erwachen, trippeln, ergreisen?

Im Transrapid verliebt und verwegen,
Im ICE planen, streben, Zukunft verlegen.
Im Speisewagen Neues und Nachtisch tauschen,
Sprechen, spaßen, lachen und lauschen.
Im Regional-Express geht's ungebremst weiter,
Neugierig, nachdenklich, himmelhoch heiter.
Schweres Gepäck lässt sich leicht vierhändig tragen,
Wir zwei machen Regen- zu Sonnentagen.

Im Bummelzug schläfrig verschnaufen,
Sich in Erinnerungsorten wachsam verlaufen,
Gemeinsam schwärmen, gemeinsam schweigen.
An der letzten Station lass mich vor dir aussteigen.
Im Zentralbahnhof werd' ich gewiss auf dich warten,
Bitte schick mir von unterwegs noch hübsche Ansichtskarten.

Soll ich jetzt gleich zwei Tickets lösen
Oder willst du noch ein Weilchen darüber dösen?
Lass dir Zeit, noch kräht kein Hahn,
Du kennst doch die Deutsche Bundesbahn.

Reise ohne Aussicht
auf Erfolg

Auf der Straße liegt ein Wort
Und niemand will es lesen.
Jetzt trägt der Wind das Wörtchen fort,
Als wäre nichts gewesen.

Es fliegt hinüber über's Meer
Bis hin zu den Abruzzen.
Wo kommt das Wort denn plötzlich her?
Die Menschen dort, sie stutzen.

Weltfrieden heißt das Zauberwort,
Erklären kluge Leute.
Es reist seitdem von Ort zu Ort,
Fast unbemerkt bis heute.

Vom Weltenbummler zum Seltenbummler

Das Wandern ist des Müllers Lust, und nicht nur des Müllers. Corona hat es möglich gemacht. Die Menschen strömen mehr als je zuvor zu Fuß in die Natur aus, und die Natur ist begeistert. Keine Autokolonnen, keine Flugzeuge, keine Kreuzfahrtschiffe, paradiesisch! Kein immer schneller, immer öfter, immer weiter mehr, Risiken und Nebenwirkungen reduzieren.

Selbst wenn ein Flug nach Mallorca mitunter weniger kostet als eine Pizza, ist die Pizza auf jeden Fall die bessere Wahl. Gesünder wäre allerdings der Salat. Und um einen unvergesslichen Sonnenuntergang zu erleben, muss man nicht auf die Balearen fliegen.

Man kann stattdessen mal die eigene Heimat mit den Augen eines Fremden betrachten, so tun, als ob man nicht ortskundig wäre, und als Tourist vor der eigenen Haustür nach dem Weg fragen, nach einem lohnenswerten Ziel oder einem hübschen Ausflugslokal in der Nähe. Vielleicht entdeckt man tatsächlich einiges, das man noch nie gesehen hat.

Wer nicht gut zu Fuß ist oder es sich einfach mal ganz bequem machen will, der kann die Reise durch die eigenen vier Wände oder den Urlaub in der Erinnerung ausprobieren. Was sich da nicht alles entdecken lässt!

Ebenso kostengünstig, umweltfreundlich und erlebnisreich ist auch der mentale Städtetrip, Europa in fünf Tagen.

Oder wie wäre es mit einer Expedition durch das Alphabet?

Es empfiehlt sich auch, besonders zu den Hauptreisezeiten die Staumeldungen im Radio, Fernsehen oder Internet zu verfolgen, so ganz entspannt vom eigenen Sofa aus. Ein wahrer Genuss!

Home-Holidays statt Fern-Flucht. Seien Sie experimentierfreudig und kreativ, ein Perspektivwechsel lohnt sich.

Und bedenken Sie ehrlicherweise, dass Reisen nicht immer so ausfallen, wie wir sie geplant haben. Hinter schönen Worten auf hübschen Ansichtskarten können sich ungeahnte Katastrophen verbergen. Die Realität sieht auch schon mal anders aus, unangenehme Überraschungen beeinträchtigen den Reisegenuss und nähren die Sehnsucht nach den eigenen vier Wänden.

Behalten wir die neuen Reisegewohnheiten bei, auch über Corona hinaus. Entwickeln wir uns vom Welten- zum Seltenbummler. Vielleicht schaffen wir es, aus einem *Friday for Future* ein *Everyday for Future* zu machen.

Es ist allerhöchste Eisenbahn.

Claudia Dietze
August 2020

Zu meiner Person

Im letzten Jahrtausend kam ich auf die Welt,
Unweit von Fluglärm und Einflugschneisen.
Der Lehrberuf fesselt, fordert und gefällt,
bringt Rückhalt, Regsamkeit und Reisen.

Frankreich, Italien, Zeeland und Uckermark,
Camping statt Kreuzfahrt und Kanaren.
Im täglichen Irrsinn aufgebracht und stark,
Mit Humor Leichtigkeit bewahren.